Mamie Raconte Ta Vie

Publié par Midsummer Bloom Books
1621 Central Ave, Cheyenne, WY 82001, États-Unis

Première édition : Juin 2025
Imprimé aux États-Unis d'Amérique

Sommaire

Ton Histoire Commence Ici

Tu sais, ce moment magique où tes petits-enfants se rassemblent autour de toi, les yeux pleins d'émerveillement ? Peut-être que ça arrive dans ta cuisine, pendant que tu leur montres comment faire ces biscuits que personne d'autre ne réussit tout à fait, ou quand ils découvrent une vieille photo qui te fait sourire. Ces instants précieux où ils réalisent que Mamie n'a pas toujours été une grand-mère – c'est de la pure magie.

Voilà le truc : ce livre n'est pas juste du papier et une reliure. C'est un coffre au trésor pour tous ces souvenirs que tu portes en toi : comment était la vie quand tu étais jeune, les traditions que ta mère t'a transmises et que tu as perpétuées, les changements que tu as vus alors que le monde se transformait autour de toi. Des histoires sur ton enfance, à une époque où les familles se rassemblaient autour de la télévision pour regarder les émissions du soir, où les téléphones fixés au mur étaient la norme, et où les repas de quartier étaient le point culminant de l'été.

Bien sûr, ils te connaissent comme Mamie – celle qui prépare les meilleurs repas de fête, qui a toujours le temps pour une histoire de plus, qui donne les câlins les plus chaleureux. Mais tu as vécu des époques incroyables ! Des coupons découpés dans les journaux aux achats en ligne, des lignes téléphoniques partagées aux appels vidéo – tu as vu le monde changer d'une façon presque magique pour tes petits-enfants.

Écris tout ici – tes aventures d'enfance, ton premier bal, ta rencontre avec Papi, comment tu as élevé tes propres enfants, et la sagesse que tu as accumulée au fil du temps. Ne t'inquiète pas pour l'écriture ou la grammaire. Ce qui compte, c'est le cœur qui se cache derrière les mots.

Prends ton temps – rien ne presse. Remplis ces pages avec les souvenirs qui t'ont façonnée, les leçons que la vie t'a enseignées, les histoires d'amour et les moments difficiles qui t'ont rendue plus forte. Parce qu'un jour, quand ils seront grands, tes petits-enfants trouveront ici bien plus que des histoires – ils trouveront leurs racines.

Alors, qu'en dis-tu, Mamie ? Prête à partager ton parcours ? L'héritage de notre famille attend d'être écrit, et tes petits-enfants ont hâte de découvrir la femme extraordinaire qui se cache derrière leur grand-mère adorée.

Comment Utiliser Ce Livre

C'est ton histoire – il n'y a pas de chronologie à respecter, ni de règles à suivre. Choisis une question qui réveille un souvenir et commence à écrire. Passe d'une page à l'autre, reviens plus tard, ou prends ton temps pour t'attarder sur les moments qui comptent le plus pour toi.

Souviens-toi, ces questions ne sont que des portes ouvertes vers tes souvenirs. Tes réponses pourraient te mener sur des chemins inattendus, et c'est parfaitement bien. Ce livre ne cherche pas à être parfait – il est là pour capturer ton parcours unique, avec ta propre voix.

Dans ta cuisine où les souvenirs fleurissent,

Dans tes histoires qui illuminent chaque pièce,

À travers la sagesse de ton sourire apaisant,

Coulent des récits qui s'étendent à l'infini.

De jeune fille à femme forte et libre,

À mère, et maintenant gardienne de notre arbre
de famille.

Partage avec nous, chère Mamie, ton précieux
passé,

Pour que ces souvenirs chéris ne soient jamais
effacés.

1

Les Jours d'Autrefois

Mamie, raconte-nous comment c'était quand tu étais petite ! Comment était la vie sans tous nos gadgets et jeux ? On veut tout savoir sur tes aventures dans un monde si différent du nôtre.

Maison d'Enfance

Tes premiers souvenirs ont pris forme entre les murs de ta maison d'enfance. Quels lieux et espaces ont façonné ta première idée de « chez toi », et quels recoins de ce monde restent encore gravés dans ta mémoire ?

1.À quoi ressemblait ta maison d'enfance, et quelles pièces te reviennent le plus en mémoire ?

2.Quels sons ou odeurs associes-tu à ta maison d'enfance ?

3.Comment étaient organisés les espaces de vie et de sommeil ?

Portraits de Famille

Avant d'être notre mamie, tu étais une petite fille avec ta propre famille. Qui étaient les personnes importantes de ton enfance, et comment ont-elles contribué à faire de toi la personne extraordinaire que tu es devenue ?

1.Qui étaient les membres clés de ta famille quand tu étais enfant ?

2.Comment étaient tes parents, et que faisaient-ils comme travail ou à la maison ?

3.Quels membres plus âgés de ta famille (grands-parents, tantes, oncles) ont eu la plus grande influence sur ton enfance ?

Une Journée dans Ta Vie

On a du mal à imaginer ta routine quotidienne quand tu étais petite ! À quoi ressemblait une journée typique pour toi, du matin au soir ? Parle-nous de tes responsabilités et de la différence entre ton emploi du temps et le nôtre.

1. Comment se passait une journée typique de semaine pour toi enfant ?

2. Quelles corvées ou responsabilités devais-tu gérer régulièrement ?

3. En quoi les jours de semaine étaient-ils différents des week-ends ?

Jeux d'Enfance

Mamie, que faisais-tu pour t'amuser avant les jeux vidéo et les tablettes ? Quels jeux et jouets remplissaient tes journées de joie, et lesquels étaient tes préférés ?

1.Quels étaient tes jeux préférés quand tu étais enfant ?

2.Quels jouets avais-tu, et lesquels étaient les plus précieux pour toi ?

3.Comment jouais-tu dehors avec tes amis ?

Souvenirs d'École

Tes années d'école devaient être tellement différentes des nôtres ! Parle-nous de ta salle de classe, de tes professeurs et de ce que c'était d'être élève à ton âge.

1.Comment était le bâtiment de ton école, et comment étaient organisées les classes ?

2.Quels fournitures scolaires utilisais-tu, et qu'y avait-il dans ton cartable ?

3.Que se passait-il quand les élèves se comportaient mal à l'école ?

Repas en Famille

Les repas rassemblent les familles à travers les générations. Comment se passaient les dîners dans ta maison d'enfance ? Parle-nous de tes plats préférés et des mets spéciaux qui apparaissaient sur votre table familiale.

1.Quels plats étaient courants chez toi, et qui préparait les repas ?

2.Quelles règles entouraient les repas dans ta famille ?

3.Quels ustensiles de cuisine ou méthodes de cuisson te rappelles-tu avoir vus pour préparer les repas ?

Les Saisons de l'Enfance

Chaque saison apportait ses activités et ses émotions particulières. Comment ta vie changeait-elle au fil des saisons ? Quelle période de l'année attendais-tu avec le plus d'impatience ?

1.Comment tes activités quotidiennes changeaient-elles d'une saison à l'autre ?

2.Quels aliments, corvées ou traditions marquaient les différentes périodes de l'année ?

3.Quelle saison préférais-tu, et qu'est-ce qui la rendait spéciale ?

Avant la Technologie

C'est difficile pour nous d'imaginer la vie sans nos gadgets ! Comment les gens communiquaient-ils, travaillaient-ils et s'amusaient-ils quand tu grandissais sans toute la technologie que nous avons aujourd'hui ?

1.Quel a été le premier appareil moderne ou électroménager que ta famille a eu ?

2.Comment les gens communiquaient-ils avec des amis ou de la famille vivant loin ?

3.Comment votre famille recevait-elle les nouvelles et se divertissait-elle avant la technologie moderne ?

Quartier

Avant, les voisins étaient comme une famille élargie. Parle-nous de ton quartier quand tu étais petite et des personnes qui y habitaient. Qui rendait ta communauté spéciale ?

1.À quel point connaissais-tu tes voisins, et comment interagissaient-ils entre eux ?

2.Où les gens du quartier se réunissaient-ils ?

3.Qui étaient les personnes mémorables de ton quartier ?

Aventures d'Enfance

Chaque enfant a ses aventures secrètes ! Quelles explorations et découvertes as-tu faites qui te semblaient excitantes ou peut-être un peu interdites ? On veut entendre parler de tes moments les plus courageux d'enfance !

1.Quels endroits as-tu explorés et qui te paraissaient excitants ou interdits quand tu étais enfant ?

2.Quelle a été la chose la plus aventureuse que tu aies faite pendant ton enfance ?

3.Quels lieux naturels, cachettes secrètes ou endroits intéressants as-tu découverts près de chez toi ?

Célébrations Spéciales

Les fêtes et célébrations créent nos souvenirs d'enfance les plus lu-
mineux. Quels jours spéciaux ta famille célébrait-elle, et quelles tra-
ditions les rendaient magiques ?

1.Quelles fêtes étaient les plus importantes dans ta famille, et comment les célébriez-vous ?

2.Quelles traditions d'anniversaire ou occasions spéciales votre famille
fêtait-elle ?

3.Quels plats, décorations ou activités faisaient partie de vos célébrations familiales ?

2

Prendre Son Envol

Comment c'était d'être adolescente, Mamie ? On aime-rait tout savoir sur ton premier béguin, les bals de l'école, et comment tu as découvert qui tu voulais devenir quand les adultes ne regardaient pas.

La Mode des Ados

Mamie, quel était le style branché quand tu étais ado ? Parle-nous des vêtements, des coiffures et des accessoires incontournables de ton époque – on veut t'imaginer en ado stylée !

1.Quels styles vestimentaires étaient populaires quand tu étais adolescente ?

2.Comment coiffais-tu tes cheveux, et quelles routines beauté suivaient les filles ?

3.Quels objets ou accessoires étaient indispensables durant ton adolescence ?

Cercle d'Amitié

Les amis que l'on se fait à l'adolescence façonnent souvent la personne que l'on devient. Qui étaient tes amis les plus proches à cette époque, et qu'aimiez-vous faire ensemble ?

1.Qui étaient tes amis les plus proches pendant ton adolescence ?

2.Où et comment les adolescents socialisaient-ils à ton époque ?

3.Quelles activités faisiez-vous ensemble pour vous amuser ?

Jours de Lycée

Le lycée n'était pas qu'un lieu d'apprentissage – c'était un petit monde à part ! Comment était ton école, entre les cours, les groupes sociaux et les événements que tout le monde attendait ?

1.Comment était ton lycée, et comment était-il organisé ?

2.Quelles activités scolaires, clubs ou sports étaient populaires à ton époque ?

3.Quelles traditions ou événements scolaires les élèves attendaient-ils chaque année ?

Gagner en Indépendance

L'adolescence apporte de nouvelles libertés excitantes. Quels privilèges as-tu gagnés en grandissant, et quelles aventures as-tu vécues quand tu as commencé à sortir seule ?

1.Quand as-tu été autorisée à sortir sans supervision, et où es-tu allée ?

2.Comment gagnais-tu ton propre argent, et à quoi le dépensais-tu ?

3.Quelles responsabilités accompagnaient ton indépendance grandissante ?

Amusements en Temps Libre

Entre l'école et les corvées, les ados ont besoin de temps juste pour être eux-mêmes. Quels loisirs et activités aimais-tu quand tu avais du temps libre, et comment cela a-t-il influencé la personne que tu es devenue ?

1.Quels loisirs ou activités récréatives aimais-tu faire pendant ton adolescence ?

2.Quels livres, magazines ou autres lectures étaient populaires auprès de tes camarades ?

3.Quelles activités en plein air ou quels sports pratiquais-tu à cette époque ?

Souvenirs Musicaux

Chaque génération a sa propre bande-son. Quelles chansons et quels artistes remplissaient ton univers d'adolescente, et comment écoutais-tu ta musique préférée avant le streaming et les téléchargements ?

1.Quelle musique était populaire quand tu étais adolescente ?

2.Comment écoutais-tu de la musique, et comment découvrais-tu de nouvelles chansons ou artistes ?

3.Quels musiciens ou chansons avaient une signification particulière pour toi ?

Moments de Grandir

Certaines expériences marquent notre chemin vers l'âge adulte. Quels moments ou événements t'ont fait sentir que tu grandissais et devenais toi-même ?

1.Quels événements ou expériences t'ont fait sentir que tu devenais adulte ?

2.Quelles décisions importantes as-tu prises seule pendant ton adolescence ?

3.Quelles responsabilités ou défis t'ont aidée à mûrir à cette période ?

Rêves d'Avenir

En tant qu'adolescents, nous imaginons tous notre vie future. Quels rêves et plans avais-tu pour ton avenir quand tu étais jeune ? Quelle personne espérais-tu devenir ?

1.Quels objectifs de carrière ou de vie avais-tu en tant qu'adolescente ?

2.Quelles étapes as-tu franchies pendant ton adolescence pour atteindre tes objectifs ?

3.Quels adultes ou mentors ont influencé ta façon de penser à ton avenir ?

Tendances de Ton Époque

Chaque génération a ses modes qui semblent si importantes sur le moment ! Quels engouements, expressions ou activités étaient en vogue durant ton adolescence ?

1.Quels phénomènes de mode ou engouements ont marqué ton adolescence ?

2.Quels mots ou expressions d'argot étaient populaires parmi les ados de ta génération ?

3.Quels films, émissions de télévision ou autres divertissements suivaient fidèlement les adolescents de ton époque ?

Se Découvrir

L'adolescence est le moment où nous commençons à découvrir qui nous sommes vraiment. Comment as-tu commencé à développer tes propres valeurs et perspectives, distinctes de ce qu'on t'avait appris ?

1.Quelles croyances ou valeurs as-tu commencé à former de manière indépendante en tant qu'adolescente ?

2.Quelles expériences ont remis en question les valeurs avec lesquelles tu avais grandi ?

3.Quelles forces personnelles ou talents as-tu découverts pendant ton adolescence ?

Étapes de l'Adolescence

Certains accomplissements marquent notre progression à travers l'ad-olescence. Quels accomplissements ou « premières fois » de ton ado-lescence te semblent particulièrement mémorables ou significatifs ?

1.Quels succès scolaires ou extrascolaires te rendaient la plus fière ad-olescente ?

2.Quelles premières fois te rappelles-tu clairement de tes années d'ad-olescence ?

3.Quels ont été les plus grands moments de ton adolescence ?

3

Premier Vol

*Mamie, comment c'était quand tu as quitté la maison
pour la première fois ? On veut tout savoir sur tes
aventures avant de fonder notre famille – les endroits
que tu as découverts et les rêves que tu as poursuivis.*

Quitter le Nid

Faire ses premiers pas vers une vie indépendante marque un vrai tournant. Parle-nous de la première fois où tu t'es lancée seule – l'excitation, les défis, et ce nouveau sentiment de liberté.

1.Comment et quand as-tu quitté la maison familiale pour la première fois ?

2.Qu'est-ce qui t'a le plus surprise en vivant seule pour la première fois ?

3.Quelles compétences ménagères avais-tu déjà ou as-tu dû apprendre rapidement ?

Premiers Emplois

Ces premières expériences professionnelles nous apprennent tellement sur nous-mêmes. Comment était ton premier vrai travail, et comment cela a-t-il façonné ta vision du monde du travail ?

1.Quel a été ton premier vrai emploi, et comment l'as-tu obtenu ?

2.Quelles compétences ou formations étaient nécessaires pour ce premier travail ?

3.À quoi ressemblait une journée typique dans ton premier poste ?

Ton Premier Chez-Toi

Rien ne vaut l'expérience d'avoir son propre espace pour la première fois. Comment était ton premier appartement ou ta première maison, et comment l'as-tu rendue à ton image ?

1.Comment était ton premier appartement ou ta première maison ?

2.Comment as-tu meublé ou décoré ton premier espace de vie ?

3.Avais-tu des voisins ou des colocataires, et qui étaient-ils ?

Apprendre à Gérer l'Argent

Gérer ses finances est l'une des plus grandes leçons de l'âge adulte. Comment as-tu géré ton argent quand tu vivais seule pour la première fois, et quelles réalités financières as-tu rencontrées ?

1.Comment gérais-tu ton argent quand tu vivais seule pour la première fois ?

2.Quels objets ou expériences as-tu économisé pour acheter ?

3.Quels défis financiers as-tu affrontés durant tes premières années d'adulte ?

Développer des Compétences de Vie

C'est durant les premières années d'adulte que l'on développe de nombreuses compétences pratiques qui nous servent toute la vie. Quelles compétences importantes as-tu acquises à cette époque, et lesquelles se sont révélées les plus précieuses ?

1.Quelles compétences importantes as-tu développées durant tes premières années d'adulte ?

2.Comment as-tu appris ces compétences ?

3.Qu'aurais-tu aimé apprendre plus tôt ?

Explorer de Nouveaux Endroits

Le début de l'âge adulte offre souvent des opportunités de découvrir le monde. Quels lieux as-tu explorés à cette période de ta vie, et comment ces expériences t'ont-elles changée ?

1. Quels endroits as-tu visités ou explorés durant tes premières années d'adulte ?

2. Qu'est-ce qui a motivé tes voyages ou tes déménagements pendant cette période ?

3. Quelles découvertes ou expériences de voyage ont eu un impact durable sur toi ?

Amitiés d'Adulte

Les amitiés évoluent souvent lorsque nous commençons à construire nos vies d'adultes. Comment tes cercles sociaux ont-ils changé durant tes premières années d'indépendance, et qui sont devenus importants pour toi ?

1.Comment tes amitiés ont-elles changé lorsque tu as commencé ta vie d'adulte ?

2.Où et comment as-tu rencontré de nouveaux amis à cette période ?

3.Quelles activités ou centres d'intérêt te rapprochaient des autres ?

Trouver Ton Chemin

Découvrir un travail ou une activité qui a du sens est l'une des plus grandes quêtes de la vie. Comment as-tu commencé à comprendre ce que tu voulais faire de ta vie durant ces années formatrices ?

1.Comment as-tu découvert les activités ou métiers qui te donnaient un sentiment de but ?

2.Quels rêves ou ambitions ont guidé tes choix à cette époque ?

3.Qu'attendait-on des femmes à cette époque, et comment te sentais-tu par rapport à cela ?

Affronter les Défis

*L'indépendance naissante apporte inévitablement des obstacles à sur-
monter. Quels défis importants as-tu rencontrés en tant que jeune
adulte, et comment les as-tu surmontés ?*

1.Quels défis as-tu dû affronter durant tes premières années d'indépendance ?

2.Comment as-tu surmonté ou t'es-tu adaptée à ces défis ?

3.Quels soutiens ou ressources t'ont aidée dans les moments difficiles ?

Influences Importantes

Certaines personnes nous guident lorsque nous cherchons notre voie. Qui étaient les mentors ou figures influentes de tes premières années d'adulte, et quels conseils t'ont-ils donnés ?

1.Qui étaient les personnes les plus influentes durant tes premières années d'adulte ?

2.Quels conseils ou aides pratiques ces mentors t'ont-ils apportés ?

3.Comment as-tu rencontré les personnes qui t'ont guidée ?

Décisions Qui Changent Tout

Avec le recul, on peut souvent repérer les choix qui ont tout changé par la suite. Quelles décisions importantes as-tu prises durant tes premières années d'adulte qui ont tracé la direction de ta vie ?

1.Quelles décisions importantes as-tu prises durant tes premières années d'adulte ?

2.Comment prenais-tu de grandes décisions à cette époque ?

3.Quelles autres voies as-tu envisagées avant de choisir ton chemin ?

4

Cœur à Cœur

Comment as-tu rencontré Papi ? On adore écouter votre histoire d'amour – depuis votre toute première rencontre jusqu'au moment où vous avez décidé de construire une vie ensemble. Parle-nous de ce qui a fait battre ton cœur !

Première Rencontre

Chaque histoire d'amour commence par un premier chapitre spécial. Quand ton chemin a-t-il croisé celui de Papi pour la première fois, et que te rappelles-tu de ce moment où tu as rencontré celui qui allait devenir une personne si importante dans ta vie ?

1.Où et quand as-tu rencontré Papi pour la première fois ?

2.Qui vous a présentés, ou comment vos chemins se sont-ils croisés ?

3.Quelle a été ta première impression de lui ?

Les Jours de Rendez-Vous

Avant les cloches de mariage et les noms de famille partagés, il y a ce moment magique où l'on apprend à se connaître. Comment étaient vos rendez-vous à cette époque, et comment la romance se déroulait-elle dans ces années-là ?

1.À quoi ressemblaient vos rendez-vous typiques pendant votre période de fréquentation ?

2.Comment communiquiez-vous entre vos rendez-vous à cette époque ?

3.Quelles activités ou quels lieux aimiez-vous partager avec Papi pendant que vous sortiez ensemble ?

Choisir Pour Toujours

Il arrive un moment où l'amitié se transforme en quelque chose des-
tiné à durer toute une vie. Comment as-tu su que Papi était celui
avec qui tu voulais partager ta vie ?

1.Pendant combien de temps êtes-vous sortis ensemble avant de décider de vous marier ?

2.Comment as-tu su que Papi était la personne avec qui tu voulais passer ta vie ?

3.Y a-t-il eu une demande officielle en mariage, et si oui, comment s'est-elle passée ?

Souvenirs de Mariage

Votre jour de mariage a marqué le début officiel de votre vie ensemble. Comment était ce jour spécial, de ta robe à la célébration, en passant par les moments qui ne se sont pas déroulés comme prévu ?

1.Quand et où s'est tenu votre mariage ?

2.À quoi ressemblait ta robe de mariée, et comment l'as-tu choisie ?

3.Quels moments mémorables ou imprévus ont marqué votre journée de mariage ?

Jeunes Mariés

Ces premiers jours de mariage apportent à la fois de la joie et des ajustements alors que deux vies se combinent. Qu'est-ce qui ressort de vos débuts en tant que jeunes mariés, et comment la vie a-t-elle changé après votre mariage ?

1.Où habitiez-vous lorsque vous vous êtes mariés ?

2.Comment vos routines quotidiennes ont-elles changé après le mariage ?

3.Quelles activités ou centres d'intérêt partageais-tu avec Papi en tant que jeunes mariés ?

Votre Premier Chez-Vous Ensemble

Créer un espace commun fait partie de la construction d'une vie en-
semble. Parle-nous de votre première maison avec Papi – comment
était-elle, et comment l'avez-vous transformée en un foyer ?

1.À quoi ressemblait votre premier chez-vous ensemble ?

2.Comment avez-vous meublé et décoré votre première maison ?

3.Comment avez-vous partagé les responsabilités ménagères ?

Apprendre à Être Partenaires

Le mariage nous apprend à vraiment partager nos vies avec une autre personne. Quelles leçons importantes as-tu apprises durant ces premières années sur la communication, le compromis et la construction d'un partenariat solide ?

1.Quelles leçons importantes as-tu apprises dans les premières années de ton mariage ?

2.Comment gérais-tu les désaccords ou les approches différentes de la vie ?

3.En quoi étiez-vous tous les deux particulièrement doués dans votre mariage ?

Traditions Spéciales

Les petits rituels que les couples créent ensemble deviennent souvent le cœur d'une relation. Quelles traditions ou pratiques régulières ont aidé à maintenir votre lien fort au fil des années ?

1.Quelles traditions ou célébrations spéciales avez-vous établies ensemble avec Papi ?

2.Comment marquiez-vous vos anniversaires ou d'autres occasions significatives ?

3.Quelles activités ou routines régulières ont aidé à maintenir votre connexion en tant que couple ?

Affronter les Tempêtes Ensemble

Chaque mariage traverse des défis qui mettent à l'épreuve sa solidité. Quels moments difficiles avez-vous affrontés ensemble avec Papi, et comment vous êtes-vous soutenus l'un l'autre quand la vie devenait compliquée ?

1.Quels défis importants avez-vous affrontés ensemble avec Papi ?

2.Comment vous souteniez-vous mutuellement dans les moments difficiles ?

3.Qui vous a aidés tous les deux pendant ces périodes compliquées ?

5

Des Mains Pleines d'Amour

*Comment c'était de devenir maman, Mamie ? On aim-
erait entendre tes histoires sur l'éducation de nos parents
quand ils étaient petits comme nous – les moments
drôles, les périodes difficiles, et toutes les traditions
spéciales que tu as créées.*

Devenir Maman

Le moment où un bébé est placé dans tes bras pour la première fois change tout à jamais. Qu'est-ce qui t'a le plus surprise en devenant mère pour la première fois, et comment t'es-tu sentie dans ces premiers jours où tu accueillais une nouvelle petite personne dans ta vie ?

1.Qu'est-ce qui t'a le plus surprise en devenant maman pour la première fois ?

2.Comment t'es-tu préparée pour l'arrivée de ton premier bébé ?

3.Quelle aide ou soutien as-tu reçu pendant ces premiers jours de maternité ?

Philosophie Parentale

Chaque parent développe sa propre approche pour élever ses enfants. Quels principes fondamentaux ont guidé tes décisions en tant que maman, et comment as-tu su quel genre de parent tu voulais être ?

1.Quels étaient tes principes fondamentaux pour élever des enfants ?

2.Quelles pratiques parentales as-tu reprises de tes propres parents ?

3.Comment la plupart des gens élevaient-ils leurs enfants à cette époque ?

Rythmes Quotidiens

La vie de famille crée ses propres routines et habitudes spéciales. À quoi ressemblaient les journées typiques quand tes enfants étaient petits, et comment faisais-tu pour gérer le joyeux chaos d'élever une famille ?

1.À quoi ressemblait une journée typique en semaine quand tes enfants étaient petits ?

2.Comment gérais-tu les tâches ménagères tout en t'occupant des enfants ?

3.Quelles routines aviez-vous pour les repas en famille ?

Les Voir Grandir

Chaque étape de développement est un petit miracle à célébrer. Quels « premières fois » mémorables te rappelles-tu en regardant grandir tes enfants, et comment leur personnalité unique commençait-elle à se révéler ?

1.Quels « premières fois » mémorables te rappelles-tu des premières années de tes enfants ?

2.Comment gardais-tu une trace des « premières fois » et des moments spéciaux de tes enfants ?

3.Quels accomplissements t'ont rendue particulièrement fière en les voyant grandir ?

Moments Difficiles

Tous les jours de parentalité ne ressemblent pas à une carte postale. Quelles périodes ou situations difficiles as-tu affrontées en tant que maman, et comment as-tu surmonté ces moments plus compliqués ?

1.Quels comportements ou phases ont été les plus difficiles à gérer avec tes enfants ?

2.Comment gérais-tu les désaccords ou conflits entre les membres de la famille ?

3.Quelles stratégies t'ont aidée dans les moments particulièrement difficiles de la parentalité ?

Créer de la Joie

Les familles tissent leur propre magie dans la vie quotidienne. Quelles traditions, célébrations ou plaisirs simples apportaient du bonheur à votre famille et créaient des souvenirs durables ?

1.Quels plaisirs simples ou activités apportaient régulièrement du bonheur à votre famille ?

2.Quelles traditions ou célébrations as-tu instaurées pour votre famille ?

3.Comment rendais-tu les journées ordinaires spéciales pour tes enfants ?

Prendre Soin d'Eux

Prendre soin de la santé des enfants est l'une des missions les plus importantes d'un parent. Comment faisais-tu face à tout, des petits rhumes aux préoccupations plus sérieuses, et comment était la santé des enfants à cette époque ?

1.Comment gérais-tu les maladies ou blessures courantes des enfants ?

2.Comment faisais-tu pour que tes enfants mangent bien et restent actifs ?

3.En quoi les pratiques de santé pour les enfants étaient-elles différentes à l'époque par rapport à aujourd'hui ?

Les Accompagner dans Leur Apprentissage

L'éducation se fait autant dans les salles de classe que dans les salons. Comment soutenais-tu la scolarité de tes enfants, et quelles expériences d'apprentissage as-tu créées en dehors de l'école ?

1.À quel point étais-tu impliquée dans les expériences scolaires de tes enfants ?

2.Comment aidais-tu chaque enfant avec ses devoirs ?

3.Que faisais-tu pour aider tes enfants à apprendre en dehors de l'école ?

La Sagesse de la Maternité

Élever des enfants nous enseigne des leçons auxquelles on ne s'atten-dait pas. Quelles vérités importantes la maternité t'a-t-elle révélées sur la vie, l'amour, et tes propres forces ?

1.Quelles leçons importantes la maternité t'a-t-elle enseignées sur la vie ?

2.Quels conseils parentaux considères-tu comme les plus précieux à transmettre ?

3.Qu'as-tu découvert sur toi-même à travers l'expérience d'élever des enfants ?

6

Une Vie en Pleine Fleur

Les années du milieu de la vie apportent à la fois épanouissement et défis, alors que les enfants grandissent, les carrières évoluent, et l'identité personnelle s'approfondit. Qu'est-ce qui occupait tes journées quand nos parents grandissaient ? On aimerait savoir comment tu as tout équilibré et ce qui a rendu ces années spéciales.

Liens avec la Communauté

La vie s'étend au-delà de notre porte d'entrée, dans les quartiers et les communautés où l'on donne autant que l'on reçoit. Quelles activités, organisations ou causes sont devenues importantes pour toi à mesure que ta famille grandissait ?

1.À quelles activités communautaires ou organisations as-tu participé durant tes années du milieu de la vie ?

2.Quels travaux bénévoles ou responsabilités civiques as-tu pris en charge ?

3.Qu'est-ce qui t'a motivée à t'impliquer dans ces efforts communautaires ?

Amis Fidèles

Les vraies amitiés s'adaptent et grandissent au fil des changements de nos vies. Quels amis t'ont accompagnée à travers les chapitres de ta vie, et comment as-tu entretenu ces liens importants pendant tes années bien remplies ?

1.Quelles amitiés sont restées importantes tout au long de ta vie adulte ?

2.Comment as-tu maintenu des liens significatifs pendant les années occupées ?

3.Quelles nouvelles amitiés se sont formées pendant tes années du milieu de la vie ?

Corps et Esprit

Notre relation avec notre corps évolue souvent au fil du temps. Comment ta vision de la santé et du bien-être a-t-elle changé au fil des années, et quelles pratiques t'ont aidée à rester en forme ?

1.Comment ta façon de voir la santé et le bien-être a-t-elle évolué pendant tes années du milieu de la vie ?

2.Quels défis de santé as-tu rencontrés, et comment les as-tu surmontés ?

3.Qu'est-ce qui t'a aidée à rester en bonne santé et pleine d'énergie ?

Chapitres Financiers

Les années du milieu de la vie apportent des considérations financières uniques, comme les frais d'études ou la préparation à la retraite. Quelles décisions financières importantes as-tu dû prendre, et comment as-tu assuré l'avenir de ta famille ?

1.Quels objectifs financiers étaient les plus importants pendant tes années du milieu de la vie ?

2.Comment as-tu géré les grandes dépenses ou décisions financières majeures ?

3.Quelles approches d'épargne ou d'investissement as-tu suivies ?

Une Maison Plus Calme

Quand les enfants commencent à quitter la maison, les parents en-
trent dans une nouvelle étape de leur vie. Comment ton foyer et tes
routines quotidiennes ont-ils changé à mesure que tes enfants dev-
enaient indépendants, et quels défis ou opportunités cette transition
a-t-elle apportés ?

1.Comment ton foyer a-t-il changé à mesure que tes enfants deve-
naient plus indépendants ?

2.Quelles nouvelles activités ou centres d'intérêt as-tu explorés une
fois les enfants partis ?

3.Comment ta relation avec tes enfants adultes a-t-elle évolué pendant cette transition ?

7

La Couronne de Mamie

Quelle est ta partie préférée d'être notre mamie ? On adore la manière spéciale dont tu nous aimes − raconte-nous comment le fait de devenir grand-mère a changé ta vie, et ce qui rend nos moments ensemble si magiques.

L'Annonce des Petits-Enfants

Apprendre que tu vas devenir mamie apporte une vague d'émotions nouvelles. Comment as-tu appris pour la première fois que tu allais devenir grand-mère, et quelles émotions t'ont envahie à ce moment si spécial ?

1.Comment as-tu appris pour la première fois que tu allais devenir grand-mère ?

2.Qu'est-ce qui t'est passé par la tête quand tu as entendu la nouvelle ?

3.Comment t'es-tu préparée pour l'arrivée de ton premier petit-enfant ?

Premiers Instants

Rencontrer un petit-enfant pour la première fois, c'est magique. Par-le-nous de la première fois où tu as tenu chacun de tes petits-enfants dans tes bras, et ce que tu as ressenti lors de ces précieux premiers moments.

1.Où et quand as-tu rencontré chacun de tes petits-enfants pour la première fois ?

2.Que te rappelles-tu d'avoir tenu chaque petit-enfant pour la première fois ?

3.Combien de temps après leur naissance as-tu pu rencontrer chacun de tes petits-enfants ?

Les Noms de Mamie

Les noms que les petits-enfants utilisent pour nous sont des termes d'affection précieux. Comment tes petits-enfants t'appellent-ils, et comment ce surnom spécial est-il né ?

1.Comment tes petits-enfants t'appellent-ils, et comment ce nom a-t-il été choisi ?

2.Avais-tu une préférence pour le nom que tu voulais avoir en tant que grand-mère ?

3.Est-ce que différents petits-enfants ont des noms différents pour toi ?

Traditions Spéciales

Chaque duo grand-mère et petit-enfant crée des liens uniques. Quelles activités ou traditions spéciales as-tu créées avec tes petits-enfants et qu'ils attendent avec impatience quand ils te voient ?

1.Quelles activités ou traditions spéciales as-tu établies avec tes petits-enfants ?

2.Quels plats ou douceurs sont associés aux visites chez toi ?

3.Quels jeux ou activités tes petits-enfants demandent-ils particulièrement quand ils te voient ?

Les Voir Grandir

Voir ses petits-enfants grandir est peut-être le plus beau cadeau de la vie. Comment as-tu vécu le fait de voir tes petits-enfants évoluer et changer, et quelles étapes t'ont apporté le plus de joie ?

1.Quels moments marquants ou accomplissements de tes petits-enfants as-tu pu voir ?

2.Quels talents particuliers as-tu vu se développer chez tes petits-enfants ?

3.Quelle tranche d'âge as-tu préféré observer en les voyant grandir ?

8

Les Délices du Cœur

Qu'est-ce qui te fait sourire quand personne ne te re-
garde, Mamie ? On aimerait savoir quels sont tes livres,
musiques, passe-temps et talents secrets préférés, tout ce
qui fait de toi une personne unique, au-delà d'être notre
mamie.

Projets Créatifs

Te souviens-tu de ces après-midis tranquilles où tes mains étaient occupées à créer quelque chose de beau ? Tes projets créatifs racontaient des histoires d'amour et de patience. Partage avec nous ces précieux souvenirs de créations faites à la main…

1.Quelle activité manuelle trouvais-tu la plus relaxante ou thérapeutique ?

2.Quelle est la plus belle chose que tu aies jamais faite de tes mains ?

3.Y a-t-il un cadeau fait main dont tu étais particulièrement fière ?

Lien avec la Nature

Le monde naturel offre une paix et un émerveillement uniques. Quelles activités en plein air as-tu le plus appréciées au cours de ta vie, et quels lieux naturels ont laissé une empreinte durable dans ton cœur ?

1.Quelles activités de plein air ou quels cadres naturels as-tu le plus aimés ?

2.Comment passais-tu du temps dehors au fil des années ?

3.Quel est l'endroit le plus beau dans la nature que tu aies jamais visité, et qu'est-ce qui le rendait spécial ?

Au Jardin

Il y a une magie dans le fait de faire pousser la vie à partir de petites graines et de regarder un jardin s'épanouir. Quelles expériences as-tu eues avec les plantes et les jardins, et qu'est-ce qui t'a apporté le plus de satisfaction dans tes aventures de jardinage ?

1.Quelle a été la première plante que tu as réussi à cultiver ?

2.Faisais-tu pousser des légumes ? Lesquels étaient les préférés de ta famille ?

3.As-tu des astuces de jardinage spéciales qui t'ont été transmises ?

Souvenirs de Cuisine

Certains des moments les plus doux de la vie se passent en cuisinant de délicieuses choses dans la cuisine. Quelles traditions culinaires ou recettes ont été importantes pour toi, et quels plats sont devenus tes spécialités ?

1.Avais-tu un plat signature que tout le monde te demandait ?

2.Qui t'a transmis tes secrets de cuisine les plus précieux ?

3.Quelle est la chose la plus originale que tu aies jamais cuisinée ?

Collectionner la Joie

Les objets que nous rassemblons racontent souvent des histoires sur ce qui nous émerveille. As-tu collectionné quelque chose de spécial au fil des années, et comment ces trésors sont-ils entrés dans ta vie ?

1.Quels objets ou articles as-tu collectionnés au fil des années ?

2.Comment as-tu commencé ta ou tes collections, et comment ont-elles grandi ?

3.Quels éléments de ta collection sont les plus spéciaux pour toi, et pourquoi ?

Une Vie de Lecture

Les livres ouvrent les portes à d'innombrables mondes et idées. Quels types de livres as-tu aimés à différentes périodes de ta vie, et quelles histoires ou quels auteurs ont le plus compté pour toi ?

1.Quels types de livres ou de lectures as-tu appréciés ?

2.Qui a influencé tes habitudes de lecture ou t'a fait découvrir des livres importants ?

3.Quels titres ou auteurs ont été particulièrement significatifs pour toi ?

La Magie du Cinéma

Les films créent des expériences partagées et des souvenirs durables. Quels films ont été importants pour toi au fil des années, et quels moments cinématographiques spéciaux te viennent en mémoire ?

1.Avais-tu une star de cinéma préférée que tu admirais ?

2.Quel film t'a fait le plus rire ?

3.Quel est le moment au cinéma le plus mémorable que tu aies vécu ?

Notes Musicales

La musique touche une partie profonde de nos âmes. Quelles chansons, quels artistes ou quelles expériences musicales ont accompagné les moments significatifs de ta vie ?

1.Quels types de musique aimes-tu aujourd'hui ? Tes goûts ont-ils changé avec le temps ?

2.Avais-tu un chanteur, un groupe ou un musicien préféré ?

3.Y avait-il des chansons particulièrement significatives pour toi durant des moments importants de ta vie ?

Rester Active

Bouger nous connecte à la vitalité de la vie. Quelles activités phy-siques as-tu aimées tout au long de ta vie, et comment ont-elles évolué au fil des années ?

1.Quelle activité te fait te sentir le plus vivante ?

2.Quel est ton secret pour rester souple et forte ?

3.As-tu déjà essayé des tendances sportives ou de fitness originales ?

Histoires de Voyages

Explorer de nouveaux endroits élargit nos horizons d'une manière unique. Quels voyages as-tu faits qui ont laissé une impression durable, et quelles destinations gardes-tu dans ton cœur ?

1.Quels voyages ou périples mémorables as-tu entrepris ?

2.Quels endroits as-tu le plus aimé visiter, et qu'est-ce qui les rendait si spéciaux ?

3.Quels souvenirs ou traditions as-tu ramenés de tes voyages ?

Plaisirs en Solo

Parfois, les activités les plus rafraîchissantes sont celles que nous ap-précions seules. Quels passe-temps solitaires t'ont apporté paix, joie ou renouveau tout au long de ta vie ?

1. Quelles activités as-tu aimé faire toute seule ?

2. Comment trouvais-tu du temps pour toi quand la vie était chargée ?

3. Quelles activités en solo t'aidaient à te détendre ou à recharger tes batteries ?

9

Sagesse et Rêves

Mamie, après toutes tes aventures et expériences, tu as accumulé des trésors plus précieux que l'or. Partage avec nous la sagesse que tu as récoltée au fil de ton parcours et les espoirs que tu portes dans ton cœur pour notre avenir.

Valeurs Fondamentales

Tout au long de ta vie, certains principes ont guidé tes décisions et tes actions, comme des étoiles dans le ciel nocturne. Quelles valeurs essentielles ont été les plus importantes dans ton parcours ?

1.Quelle est la leçon de vie la plus importante que tu espères que ta famille retiendra ?

2.Parmi les valeurs de tes parents, lesquelles as-tu adoptées le plus fortement ?

3.Quel principe ou quelle croyance t'a apporté le plus de sérénité ?

Sagesse des Relations

Les liens que nous tissons avec les autres créent les vraies richesses de notre vie. Qu'as-tu appris sur le fait d'entretenir des relations au fil des années ?

1.Qu'as-tu appris sur le maintien de relations familiales solides ?

2.Comment gérais-tu les désaccords avec tes proches ?

3.Quelles qualités crois-tu les plus importantes dans des relations proches ?

Leçons des Défis

Les difficultés de la vie deviennent souvent nos plus grands professeurs. Quelles expériences difficiles t'ont appris les leçons les plus précieuses, et comment as-tu traversé les moments difficiles ?

1.Quelles expériences difficiles t'ont transmis les leçons les plus importantes ?

2.Comment as-tu rebâti ou repris après des revers significatifs ?

3.Quelles forces inattendues as-tu découvertes durant les moments difficiles ?

Surprises de la Vie

Le chemin de la vie prend souvent des tournants inattendus. Quels aspects de ta vie se sont déroulés différemment de ce que tu avais imaginé, et quelles joies ont surgi là où tu ne les attendais pas ?

1.Qu'est-ce qui, dans ta vie, s'est révélé différent de ce que tu avais imaginé ?

2.Quelles découvertes sur la nature humaine t'ont surprise au fil des années ?

3.Qu'est-ce qui t'a apporté de la joie d'une manière que tu n'avais jamais envisagée ?

Histoires Inédites

Certaines des histoires familiales les plus précieuses sont celles rare-ment racontées. Y a-t-il des expériences ou des souvenirs de ta vie que tu n'as pas encore eu l'occasion de partager avec nous ?

1.Quelles histoires ou quels récits familiaux risquent d'être perdus si on ne les partage pas maintenant ?

2.Y a-t-il un objet de famille avec une histoire particulière ?

3.Quel mystère de famille aimerais-tu résoudre ?

Santé et Bonheur

Maintenir son bien-être repose sur une sagesse acquise au fil des années. Quelles pratiques ou approches t'ont aidée à rester en bonne santé dans ton corps, ton esprit et ton âme tout au long de ta vie ?

1.Quel est ton secret pour rester en bonne santé ?

2.Qu'est-ce qui t'aide à rester heureuse et positive ?

3.Comment gérais-tu le stress à différentes périodes de ta vie ?

Rêves d'Avenir

La vie continue de s'ouvrir à de nouvelles possibilités à tout âge. Quels rêves ou objectifs espères-tu encore poursuivre, et quelles expériences pourraient encore te remplir de joie ?

1.Quels objectifs ou rêves veux-tu encore réaliser ?

2.Y a-t-il un lieu que tu voudrais encore explorer ?

3.Comment aimerais-tu encore te surprendre ?

Espoirs pour Demain

Chaque génération se construit sur les bases posées par celles qui l'ont précédée. Quels espoirs nourris-tu pour tes petits-enfants et les générations qui leur succéderont ?

1.Quels sont tes vœux pour l'avenir de tes petits-enfants ?

2.Quels conseils donnerais-tu pour aider les générations futures à construire des vies épanouies ?

3.Quels changements dans le monde espères-tu que tes descendants verront ?

D'autres histoires à recueillir

Chaque parent et grand-parent porte un véritable trésor de souvenirs qui n'attendent qu'à être partagés. Nos livres souvenirs magnifiquement conçus aident à capturer ces précieux récits avant qu'ils ne s'effacent avec le temps.

Notre collection Histoire de Famille

| Histoire de Papa | Histoire de Maman | Histoire de Grand-père | Histoire de Grand-mère |

Disponible sur:

• Amazon

• Les grandes librairies en ligne

Offrez un cadeau qui prend de la valeur avec le temps – parce que chaque membre de la famille mérite de voir son histoire racontée, partagée et chérie.

www.ingramcontent.com/pod-product-compliance
Lightning Source LLC
Chambersburg PA
CBHW051327120626
46547CB00015B/2430